A PROPOS DE MES COURTES PAROLES

PREMIÈRE RÉPONSE

A LA LETTRE DE M. MARIE GIRAL

PAR

M. L'ABBÉ V. CALVET
Curé de Corsavy
Ex-professeur de Belles-Lettres et de Philosophie au Collège Saint-Louis-de-Gonzague.

PRIX : 20 CENTIMES

SE VEND
CHEZ M. LE CURÉ DE CORSAVY, (Pyr.-Or.)
Et chez les principaux libraires du département

PREMIÈRE RÉPONSE

A LA LETTRE DE M. MARIE GIRAL

Le roi des animaux se mit un jour en tête
De giboyer : il célébrait sa fête.
Le gibier du lion, ce ne sont point moineaux,
Mais beaux et bons sangliers, daims et cerfs bons et beaux.
Pour réussir dans cette affaire,
Il se servit du ministère
De l'âne, à la voix de stentor
L'âne à messer lion fit office de cor.

(LAFONTAINE, fables.)

MON CHER GRAND HOMME,

J'ai le devoir et j'éprouve le besoin impérieux de vous donner ce titre, pour le moment du moins, non seulement parce que, dans la lettre que vous m'adressez, vous ne dédaignez pas de vous faire le bienveillant et charitable correcteur de mes fautes de grammaire; mais encore et surtout parce que, fort de votre impartiale compétence, vous ne redoutez pas d'y relever, en passant, les « sophismes vaniteux et les pensées creuses » d'un prétendu philosophe, regardé jusqu'ici par un grand nombre de badauds catholiques, comme un grand Maître.

C'est hier soir jeudi, fête de l'Ascension, au sortir de nos vêpres, et tandis que sur la place l'on dansait déjà sans se préoccuper autrement ni de vous ni de moi, que j'ai pris connaissance de votre magistrale et vigoureuse réplique.

Je l'ai recueillie moi-même fort joyeusement comme une fleur de mai tardive, moyennant son bien modique prix, des mains d'un individu qui en criait la vente devant la porte de notre église, à deux pas de mon presbytère , avec une voix et des gestes , qui n'étaient pas du tout d'un jeûneur, ceux-là, je vous l'assure.

Soit dit entre parenthèse : le charlatan était digne de la marchandise.

Vous aurez beau dire et beau faire nous aurons toujours sur vous et sur la plupart des vôtres la supériorité de la pensée et de l'attitude. Elle compense bien l'infériorité de la forme et de l'adresse de quelques-uns d'entre nous.

Ainsi je n'ai pas eu, quant à moi, d'enveloppe à déchirer ni de dette de reconnaissance à payer à d'autres qu'à vous-même, qui avez bien voulu m'honorer d'une correspondance publique.

Or, cette dette, croyez-le bien, je n'ai pas tardé longtemps à vous la solder. Elle a été effacée de mon passif aussitôt que j'ai achevé la lecture de votre fulminante épître.

Et quel soulagement n'en ai-je pas éprouvé !

La voilà enfin tombée, me suis-je écrié en moi-même, la grande et terrible épée de Damoclès, depuis trois longs mois suspendue sur ta tête !

Je n'ai pas eu besoin de me tâter pour m'assurer que j'étais encore en vie ; je sentais trop bien que je n'avais été qu'effleuré.

Une seule peine m'est restée : celle de ne pas voir

votre portrait que j'aurais peut-être reconnu, à la place de votre nom qui ne m'a pas dit qui vous êtes.

Mais au fond cela m'importe aussi peu que de savoir quel est le spirituel auteur de votre lettre préface et quel fut le vindicatif expéditeur des puantes tartines littéraires qui, durant tout un mois, arrivèrent régulièrement sous mon nez chaque dimanche, sans aucune marque de fabrique.

Il me suffit que vos coups ne m'aient pas plus atteint que je viens de le dire ; je vais vous le prouver, si vous le voulez bien.

Je commence par votre ruade d'injures non seulement parce que c'est par elle que vous avez inauguré votre brutale et solidaire défense, mais encore parce que c'est d'elle que vous vous promettiez contre moi les plus douloureuses meurtrissures et que c'est d'elle en effet qu'elles me pouvaient venir.

Eh bien, franchement! vos menaces, qui me furent révélées tantôt par les confidences d'un paroissien, tantôt par un entrefilet de votre journal, tantôt enfin par les expéditions anonymes auxquelles j'ai déjà fait allusion, me donnaient lieu de craindre pour mon honneur de plus fortes entailles.

Je suis prêtre, c'est-à-dire, votre bête noire deux fois, et vous aurez certainement cherché à découvrir dans ma vie sacerdotale quelques-unes de ces fissures qui attirent d'elles-mêmes les coups ennemis et déterminent sur le champ une complète extermination.

Heureusement je n'ai pas présenté à vos regards scrutateurs une troisième noirceur, la noirceur morale, que vous auriez préférée sans doute à celle de mon teint et à celle de ma soutane, et j'en ai été quitte pour être appelé par vous, qui m'avez tout l'air d'être un homme glorieux, un triste homme.

C'est déjà assez méchant; mais vous n'êtes pas payé pour me faire des tendresses.

Toutefois l'insulte est un peu vague et si elle suffit à votre méchanceté contenue par votre prudence, elle ne suffit pas à mon humiliation.

Voici en effet, mon intègre et illustre maître; quoique prêtre, hélas! je ne suis malheureusement pas encore un saint comme je devrais et comme je désire de plus en plus l'être. Toutefois nulle part je n'ai failli ni à mon honneur ni à mon devoir, je ne dirai pas seulement de prêtre, mais d'homme et de citoyen.

Avec ce témoignage intérieur de ma conscience auquel fait écho le témoignage de toute ma vie, il m'est permis de mépriser votre injure. Mais surtout il m'est doux de la voir adhérente, malgré votre effort pour la lancer, à votre patte engluée de rage qui a voulu m'en frapper.

Tout aussi légèrement atteint, mon grave prévôt d'escrime ou de danse, par votre seconde injure.

Voici mon aveu: j'ai mon caractère qui, dit-on, ne ressemble pas à beaucoup d'autres; et j'ai pu mettre quelque précipitation ou omettre quelque mesure dans certains mouvements. Mais personne ne vous dira, et vous ne sauriez dire vous-même, quelque attention que vous ayez prêtée à mes paroles et à mes écrits, que j'aie jamais énoncé des légèretés. Or, « le style c'est l'homme, » me rappelez-vous vous-même, illustre et honorable maître!

Votre long et acharné piétinement, au moyen duquel vous vous êtes efforcé de m'écraser, ne m'a guère fait plus de mal que votre double ruade. C'est à peine si vous êtes parvenu à faire tomber de mes ailes une ou deux plumes que je vous abandonne volontiers comme votre unique trophée. Appendez-les, c'est votre droit, à votre muraille solidaire; elles rediront à la postérité, qui ne nous oubliera plus, et ma honte d'écrivain et votre gloire de critique.

C'est vous dire, mon illustre maître, que je passe condamnation pour le pléonasme que vous me relevez un peu justement et même si vous y tenez tant, pour l'expression dont je me suis improprement servi à la place de celle que vous préférez avec un semblant de raison.

Mais aussi bien il fallait un peu plus faire attention à vous-même et surtout ne pas vous blesser ainsi, tout en me plumant. Vous me dites, et en cela vous ne m'apprenez rien, que l'axiome se distingue du proverbe en ce qu'il exprime, non point une simple loi morale comme ce dernier, mais une vérité évidente par elle-même et par conséquent admise par tout le monde, voire même par les moins sensés et les moins civilisés.

En d'autres termes, l'axiome ne souffre contradiction dans aucun siècle ni sous aucun climat, et se fixe dans les champs limitrophes de la métaphysique et des mathématiques. C'est là ce que vous auriez dû ajouter pour le bien définir, sinon j'ai le droit de vous dire que vous tombez à votre tour, non pas dans une confusion de termes, mais dans une confusion d'idées et que vous m'avez non pas piétiné, mais déjà voulu mordre vainement.

Quoiqu'il en soit, montrez-moi je vous prie une seule génération et un seul pays où la contradictoire de votre proposition : « toutes les religions sont absurdes », ne soit admise ? Je vois toute une armée de croyants se lever de tous les points de la durée et de l'espace pour vous lancer cette protestation, qui ne renferme ni axiome ni proverbe, mais qui ne vous en inflige pas moins un sanglant démenti : «toutes les religions ne sont pas absurdes». Çà, ne voyez-vous donc sur tous les chemins de l'histoire et dans tous les campements humains que des nihilistes et des libres-viveurs ? allons, allons, soyez franc comme moi et avouez que vous vous êtes heurté là contre une saillie de roc que vous n'avez pas su apercevoir et qui vous a déchiré.

Vous le dites fort à propos : la colère est mauvaise conseillère et il faut savoir lui imposer silence quand il s'agit de raisonner. Si vous n'aviez pas été mille fois plus aveugle que je l'ai été moi-même, vous auriez mieux visé et avec la saine philosophie vous auriez dit : l'égalité de toutes les religions est une chose absurde.

Ne craignez pas que je veuille entrer ici, moi non plus, dans une discussion de fond. A mon tour je vous attends pour le jour qui ne saurait manquer de venir, où vous publierez quelque grand ouvrage sur la libre-pensée. Vous auriez même dû, pour mieux me réfuter et me confondre, nous en livrer le plan et nous en tracer le sommaire dès votre réplique. En tout état de choses je préfère, pour ma part, avoir étendu la portée du mot *axiome* jusqu'aux vérités d'ordre moral et de sens commun, qui sont un reflet de la sagesse des nations et qui, partant, ne manquent pas d'une certaine évidence, que de l'avoir cogné, comme vous, contre une proposition dont les termes hurlent de se trouver ensemble.

Ainsi, guère broyée cette seconde plume, mon trop zélé maître ; et en revanche un peu meurtrie votre pauvre patte !

Quant au reste de mon plumage dont vous auriez voulu accroître votre trophée, toujours effleuré par votre piétinement acharné et rien de plus. En effet dites-le-moi, à qui avez-vous pu persuader que dans ce membre de phrase « et ici je parle des derniers » il n'y avait pas tout simplement une coquille de typographe et que dans cet autre « dont vous n'ignorez pas » il y avait une faute trahissant mon ignorance des règles les plus élémentaires de la grammaire ? Chacun a lu et vous avez lu vous-même « dernières » au lieu de « derniers » ce qui ne demandait pas un grand effort de sincérité ; et personne n'a cru que j'aie voulu donner au mot « ignorer » le sens transitif, que son étymologie latine, le rend parfaitement susceptible de perdre. Dans le langage judiciaire, pour m'autoriser d'un exemple, l'on dit bien « Pour qu'il n'en ignore » ?

J'avoue donc que j'ai été peut-être un peu téméraire en employant une construction inusitée dans le discours ordinaire ; mais que j'aie eu l'ignorance de ma témérité, encore une fois, vous ne l'avez pu supposer vous-même.

Non content de votre double ruade qui m'a toujours trouvé hors de votre portée et de votre piétinement laborieux, (qui vous a plus meurtri qu'il ne m'a entamé), vous avez encore cherché ci et là à me mordre. Or, je vous en sais particulièrement gré, car vous avez montré par là une fois de plus votre impuissance, tout en laissant éclater entre vos dents le paroxysme de votre rage.

Tout beau ! tout beau !
Votre museau
A besoin d'eau,
Bête en délire.
Tout beau ! tout beau !
Voici l' ruisseau
Où le corbeau
Boit et se mire.

Tout beau ! tout beau !
A votre peau
Le noir oiseau
A fait piqûre.
Tout beau ! tout beau !
Votre troupeau
Est tout penaud
De mon allure.

Tout beau ! tout beau !
Pauvre maraud,
L'on rit tout haut
De votre rage.
Tout beau ! tout beau !
Faites un saut,
Courez à l'eau,
Et restez sage.

Mais ne plaisantons pas et voyons l'efficacité de de vos morsures. Les unes ont été dirigées contre mes ailes et les autres tantôt contre ma tête et tantôt contre mes entrailles. Tout cela est bien faible chez un pauvre oiseau, qu'il soit de la famille des lépidoptères ou de celle des conirostres ; et pourtant plus faibles encore ont été vos dents.

Non, non, ne vous en déplaise ; une première fois, mon fier lutteur, vous n'avez pu persuader à vos lecteurs que dans cette proposition incidente : « si la scandaleuse cérémonie n'eût été racontée d'avance », j'aie voulu parler d'une anticipation autre que celle qui se rapporte à ma publication ; ce qui ressort assez de mon contexte.

Par conséquent il n'est point vrai du tout que j'aie eu l'intention de calomnier votre journaliste ou la pensée d'en médire.

J'ajouterai même, qu'il m'eût suffi probablement de savoir que le journaliste en cause était celui que vous nommez, pour m'arrêter tout court au seuil de l'imprimerie ; car je n'aurais pu me décider à entamer une polémique avec un ancien ami qui connaissait ma maison et dont je connaissais la table, quelque distance qu'il ait mise depuis entre lui et moi.

Du même coup je réfute, et vous vous en apercevez très-bien, votre seconde accusation concernant ma prétendue lecture de son article. Je puis vous affirmer que je n'en vis rien et que tout ce que j'ai su je l'ai recueilli de la bouche de mes paroissiens qui ne m'en ont ni fait l'analyse ni communiqué la signature. — « C'est long, long. » — On y met quinze cent personnes. » — « Peut-on mentir ainsi ? » — Voilà tout ce qu'ils m'en ont dit et je n'ai nullement cherché à en connaître davantage.

Du reste, convenez-en, ce n'est pas en contradiction avec mes propres paroles qu'il vous importait de me trouver ; c'est en contradiction avec l'arithmétique. Mais :

« Ils sont trop verts, dit-il, et bon pour des goujats. »

Je ne me suis jamais départi dans aucune de mes harangues de la loi du respect envers les morts que je me suis rappelé chaque fois en commençant.

Ah ! vous l'auriez sans doute désiré, afin de me trouver du même coup en flagrant délit de contradiction et d'inconvenance au premier chef; mais vos longues oreilles n'ont pas été satisfaites.

En face d'une vie à peine éteinte, en face d'une famille éplorée, en face d'une tombe entr'ouverte, nous aurons toujours plus de sérieux, plus de sympathie et plus de dignité que vous.

En face du jugement de Dieu, surtout, dont la voix vibre encore, nous tremblerons, nous nous recueillerons, nous méditerons, mais nous n'insulterons, nous ne récriminerons pas, nous n'apprécierons pas.

Oh ! oui, encore une fois, vous auriez voulu que je rappelasse la vie du défunt, ses opinions, ses actions et ses paroles en les couvrant plus ou moins de flétrissures. Mais je n'ai pas oublié que cet héritage public était encore sous les scellés et que le linceul de la mort, en recouvrant sa face, le dérobait tout entier aux regards des hommes pour ne le laisser voir que de Dieu seul.

Il m'est permis toutefois d'exprimer aujourd'hui mon sentiment qui lui sera encore moins injurieux que vous ne le désireriez.

Si notre paroissien, votre malheureux confrère, est resté jusqu'à son dernier soufle dans vos rangs ; s'il a expiré entre les mailles de son testament solidaire, ourdies peut-être avec votre aide ; il faut l'attribuer d'une part à la faiblesse reconnue de son caractère et de l'autre à l'absence de quelque bon ami, laïque-chrétien.

Voilà tout ce que j'en aurais dit « dès le principe » si je n'avais craint alors de mêler mes appréciations à la stupeur du plus grand nombre et de les rapprocher surtout de celles du souverain juge.

Oui, c'est là mon intime persuasion : le courage qu'ont eu, à peu de jours d'intervalle de sa mort, les Albert Joly et les Menier, lui a malheureusement fait défaut. Il a trop craint d'être renié par votre clan, ou plutôt de le renier, après s'en être assuré les pompes solidaires ; il a trop redouté, s'il mourait en chrétien, de n'être plus regardé comme un vrai républicain, titre dont il s'était toujours fait gloire.

Mais alors, me direz-vous, pourquoi ces termes injurieux dont vous vous servez pour qualifier « l'imposante cérémonie » dont l'ont honoré ses coreligionnaires ?

Ah ! tout doucement. « L'imposante cérémonie » que j'ai appelée, moi, « cérémonie monstrueuse, scandale malheureux et enfouissement civil, » c'était le vivant qui l'avait demandée, mais non pas le mort, je vous le jure. Et ne vous hâtez pas de ranger, en vous moquant, ma distinction parmi les vérités de M. de la Palisse. Vous savez fort bien, vous qui avez appris et probablement enseigné le catéchisme, ce que je veux dire ; et si le sens et la portée de ma distinction vous échappent d'une manière quelconque, peu m'importe.

En effet, il y en avait d'autres tout près de lui qui n'étaient point morts autrement que par leur douleur amère et en qui il vivait encore lui-même par le sang communiqué et par l'amour fidèle.

Vous admettrez au moins cette survivance.

Eh bien, ceux-là, je vous l'affirme encore, ne l'auraient pas voulue votre « imposante cérémonie » et ils n'ont fait que la subir.

S'il vous en faut une preuve, et elle aurait dû vous faire reculer sinon de honte du moins d'épouvante, je la vois dans ces prières qui ont été récitées publiquement et à haute voix, la nuit tombante, dans la chambre funèbre ; je la vois dans ce crucifix placé sur le cercueil, selon des usages qui ne sont plus les vôtres.

Donc, ce n'est qu'à vous et aux vôtres que s'adressaient mes stigmates, qui ne sont pas les miens du reste, ni quant à leur application ni quant à leur forme. Ce n'est qu'à vous qui méprisez stoïquement la mort, tellement vous vous sentez vivre, au point de la prendre quand vous la trouvez sur vos pas, comme un enfant terrible prend la queue d'un serpent pour le faire tournoyer au bout de son bras et faire admirer sa bravoure. Ce n'est qu'à vous enfin, qui vous servez d'un cercueil comme d'un tréteau pour y parader et y insulter la raison et la foi, la religion et l'espérance, et de la mort elle-même comme d'un étendard sur lequel vous avez inscrit d'un côté le mot *néant* et de l'autre le mot *progrès*.

En le promenant dans nos rues, avec un sérieux de commande qui ferait sourire s'il ne glaçait le cœur, vous croyez y promener votre gloire. Eh bien! sachez-le: C'est votre honte qui flotte sur ses plis.

Je m'arrête, mon illustre et fier lutteur, non point pour laisser reposer mon bec, qui depuis assez longtemps vous écorche, mais pour vous permettre de respirer et de réfléchir à votre tour, si vous en êtes capable.

Pour atteindre votre dos, où l'on se tient assez difficilement, entre parenthèse, j'ai dû m'aider tout naturellement de mes ailes et m'en soutenir en vous becquetant.

Votre fureur vous ayant empêché de me voir,

je ne dirai pas que vous avez dû constater, malgré votre condamnation, leur bon état et leur force.

Mais je m'écrierai, en vous laissant un instant et après m'être mis en face de vous, que leur noirceur ne me dépare point comme vous dépare la noirceur de votre regard.

En attendant la continuation de ma lettre, dans laquelle je n'en veux, croyez-le bien, ni à votre chair ni à vos os, mais uniquement à votre enveloppe qui me semble trop épaisse, je vous souhaite beaucoup de bon air et beaucoup de bon repos.

Tout à vous,

L'abbé V. CALVET.

Corsavy, le 27 mai 1881.

Perpignan, Imp. Comet.

www.ingramcontent.com/pod-product-compliance
Lightning Source LLC
LaVergne TN
LVHW010020230826
846092LV00002B/921